D0471417

Para Basile y Julien
M. A.

En la misma colección:

PRINCESAS, manual de instrucciones
SUPERHÉROES, manual de instrucciones

Puede consultar nuestro catálogo en
www.picarona.net

FANTASMAS. MANUAL DE INSTRUCCIONES
Texto: *Alice Brière-Haquet*
Ilustraciones: *Mélanie Allag*

1ª edición: octubre de 2016

Título original: *Fantômes. Mode d'emploi*

Traducción: *Joana Delgado*
Maquetación: *Montse Martín*
Corrección: *M.ª Ángeles Olivera*

© 2013, Éditions Glénat por Brière-Haquet & Allag
(Reservados todos los derechos)
© 2016, Ediciones Obelisco, S. L.
www.edicionesobelisco.com
(Reservados los derechos para la lengua española)

Edita: Picarona, sello infantil de Ediciones Obelisco, S. L.
Collita, 23-25. Pol. Ind. Molí de la Bastida
08191 Rubí - Barcelona - España
Tel. 93 309 85 25 - Fax 93 309 85 23
E-mail: picarona@picarona.net

ISBN: 978-84-16648-88-7
Depósito Legal: B-16.197-2016

Printed in Spain

Impreso en España por ANMAN, Gràfiques del Vallès, S. L.
C/. Llobateres, 16-18, Tallers 7 - Nau 10. Polígono Industrial Santiga.
08210 - Barberà del Vallès (Barcelona)

Reservados todos los derechos. Ninguna parte de esta publicación, incluido el diseño de la cubierta,
puede ser reproducida, almacenada, transmitida o utilizada en manera alguna por ningún medio,
ya sea electrónico, químico, mecánico, óptico, de grabación o electrográfico,
sin el previo consentimiento por escrito del editor.
Diríjase a CEDRO (Centro Español de Derechos Reprográficos, www.cedro.org)
si necesita fotocopiar o escanear algún fragmento de esta obra.

Brière-Haquet, Alice, 19
Fantasmas : manual de
instrucciones /
2016.
Withdrawn
33305241059959
ca   01/23/18

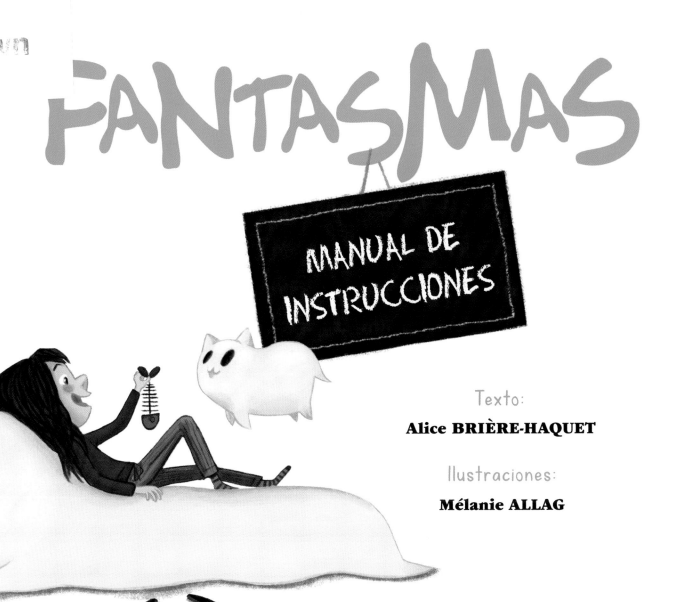

FANTASMAS

MANUAL DE INSTRUCCIONES

Texto:

Alice BRIÈRE-HAQUET

Ilustraciones:

Mélanie ALLAG

Supermercado FANTASMAS

¿Has adoptado
a un fantasmita?
¡Enhorabuena!
Aquí tienes 10 lecciones
para que se críe grande y hermoso...

Lección 1

¿CÓMO ELEGIRLO?

Sé cauto a la hora de comprar uno:
comprueba bien cuán real es.
Si desaparece enseguida,
es que te han timado...

Egipto

ARMARIO ENCANTADO

Francia

Mares y Océanos

Japón

Lección 2

¿CÓMO ALIMENTARLO?

Del plato que le pongas
podrá hacer desaparecer
nabos, brócolis y otras verduras,
pero no le des nunca hinojo,
ya que es malísimo para el óxido.

Lección 3

¿CÓMO VESTIRLO?

¡Con una sábana vieja cada cien años,
tu fantasma estará más que contento!
Pero no te olvides del matapolillas
o corres el riesgo de que se le vea
la ropa interior…

¿CÓMO LAVARLO?
Si tu fantasma es de algodón,
60°C y un programa largo.
Si, en cambio, es de seda,
a mano y con agua fría.

Lección 5

¿CÓMO ENTRETENERLO?

A los fantasmas les encanta hablar
de épocas pasadas…
Pero son muy puntillosos en cuanto
a las fechas de batallas y reinados.
Más te vale repasar primero
tus lecciones de historia.

Lección 7

¿DÓNDE INSTALARLO?

Les encantan los castillos en ruinas,
los graneros y las cuevas húmedas.
Pero si tú no tienes nada de eso,
métalo debajo de la cama

Lección 8

¿DÓNDE ACOSTARLO?

¡No lo arrebujes entre
su propia sábana!
Será más seguro proporcionarle
un saco de dormir para pasar la noche.

Lección 9

¿CÓMO SE REPRODUCEN?

No se pueden multiplicar,
pero pueden trocearse.
Para divertir a tus amigos,
sepárale la cabeza, un ojo, una mano...

¿Y EN CASO DE CRISIS?

¿Es travieso tu fantasma?
¿Despierta a los vecinos por la noche?
Para una solución amable,
telefonea a los Cazafantasmas.

Por poco de dinero
se llevarán a tu fantasma,
o bien a tus vecinos, vete a saber…